AF358948

RÉFLEXIONS

POLITIQUES ET PHILOSOPHIQUES

Sur les Révolutions en général, sur celle de France, sa Constitution de 95, et la nécessité d'entourer d'idées religieuses le Systéme Décadaire.

RÉFLEXIONS

POLITIQUES ET PHILOSOPHIQUES,

OU

COUP-D'ŒIL IMPARTIAL

SUR

LA RÉVOLUTION DE FRANCE

ET SA CONSTITUTION DE 95,

SUIVI

DE QUELQUES RÉFLEXIONS

SUR LES IDÉES RELICIEUSES

ET LE SYSTÊME DÉCADAIRE.

Par Antoine GALLAND.

A PARIS

Chez l'Auteur, rue de la Harpe, nᵒˢ 6 et 152,
Et chez les marchands de nouveautés.

———

AN IV.

RÉFLEXIONS

POLITIQUES ET PHILOSOPHIQUES

Sur les Révolutions en général, sur celle de France, sa Constitution de 95, et la nécessité d'entourer d'idées religieuses le Systéme décadaire.

Primo patria, procul iræ.

Une foule d'écrivains ont exercé leur plume sur la plus étonnante révolution que les annales du monde aient encore présentée ; mais l'esprit de parti, même parmi ceux qui ont le plus voulu se piquer d'impartialité, a presque toujours percé dans leurs ouvrages : moi-même je ne suis pas exempt de ce reproche. Fort de ma conscience, brûlant de l'amour de ma patrie, ennemi juré de l'anarchie, alarmé des secousses violentes d'une révolution dont on ne pouvait prévoir ni la fin ni les suites, je me

A

suis opposé avec force à tout ce qui paraissait dévier du seul gouvernement que je
croyais convenable au caractère de la nation : j'ai cru devoir le faire, je l'ai fait.
Aujourd'hui que du choc des passions, au
milieu des orages d'une guerre civile et
étrangère, au sein des séditions, de la famine, et de toutes les calamités dont un
peuple malheureux puisse être affligé, un
nouveau gouvernement vient d'éclorre, dès
sa naissance il est attaqué par tous les partis. Sans en combattre directement aucun,
je vais ici développer mon sentiment avec la
plus parfaite impartialité. Les hommes peuvent différer d'opinion ; mais quand ils aiment véritablement leur patrie, leur cœur
est le même : le bonheur de leur pays est
leur seul but, leur vœu commun. Si j'ai
cru long-temps qu'il était trop difficile de
fonder une république en France, je suis
bien plus convaincu, aujourd'hui qu'elle
existe, du danger qu'il y aurait à la détruire
ou à changer sa constitution.

Je ne consulterai ni les républiques anciennes et modernes ni les anciens et nouveaux législateurs ou philosophes ; je puiserai dans mon cœur ; je raisonnerai d'après le caractère de l'homme en général , d'après le caractère national sur - tout , d'après nos mœurs , nos habitudes.

Le but d'une bonne révolution est , sans doute, d'allier au plus haut terme possible le bonheur et la liberté de chaque membre du corps social avec les intérêts généraux de ce même corps. Il me suffira donc de démontrer qu'on peut obtenir cet heureux alliage avec la constitution de 95 , et que son renversement au contraire amènerait les résultats les plus funestes et des maux pires peut - être que ceux que nous avons déjà éprouvés.

Les révolutions sont assez fréquentes , rarement la fin en est louable. C'est presque toujours un usurpateur qui en chasse un autre , ou qui prend la place du premier magistrat que le peuple s'était choisi soit formellement soit tacitement. Il est vrai que ces sortes d'insurrections , dont le bien public fut toujours le prétexte mais nullement l'objet , ne sont point , dans la rigueur du terme , des révolutions. Une révolution est un

changement d'état de choses à un autre état.
Ici, les personnes changent et non les choses :
c'est toujours le même gouvernement, la
même constitution. Mon dessein n'est pas
de parler de ces sortes de révolutions qui,
sous aucun rapport, ne peuvent produire un
bon effet. Si quelquefois la tyrannie cesse,
la faculté de se reproduire, lui reste toujours.

Une révolution politique ne se fait donc
véritablement que lorsqu'une nation change
la forme de son gouvernement, de sa constitution, pour s'en donner une autre qui lui
garantisse mieux ses droits ou lui procure
plus de tranquillité ; c'est ordinairement le
passage d'un état monarchique à un état républicain, ou de la république à la monar-
chie : c'est un peuple irrité qui brise ses
chaînes, ou c'est un peuple las de dissentions qui se jette entre les bras d'un maître
pour trouver le repos. Rome éprouva ces
deux grandes révolutions.

Je ne prétends pas décider laquelle de ces
deux formes de gouvernement est préférable.
On a souvent dit que telle convient à un
peuple, qui ne conviendrait point à un au-

tre ; je l'ai pensé moi - même : c'est peut-être une erreur. Je dirai seulement que le bonheur des gouvernés dépend plus des gouvernans que des formes constitutionnelles : celles-ci ont beau garantir les droits du citoyen , les chefs ne manquent jamais de moyens ni de prétextes pour éluder la loi. Mais il n'est personne de bonne foi qui ne convienne que la garantie est plus sûre dans un état républicain.

On a souvent comparé le gouvernement d'un seul au gouvernement d'un père de famille. Certes, je regarderais comme digne d'envie le peuple dont le chef, en bon père de famille, chérirait, sans acception de personnes , ses sujets comme ses enfans , distribuerait les places et les emplois au seul vrai mérite ; mais qui me répondra que son successeur ne sera pas un mauvais père , un père dénaturé. Si le trône est héréditaire , le bonheur de tout un peuple est confié au hasard ; si le trône est électif, son bonheur est entre les mains de l'intrigue et de la cabale : Louis XI n'eut pas les vertus de Charles VII, et les élections de Pologne ont souvent conduit cet état à deux doigts de sa perte. Ajoutez à cela que l'émulation, dans un état monarchique, n'est pas la même que dans un état républicain, les droits du citoyen se trouvant plus restreints sous le gouvernement d'un seul.

Mais on ne peut se dissimuler également que les troubles sont plus fréquens dans les républiques, les mouvemens populaires plus convulsifs, la répression des ambitieux qui savent se couvrir du manteau de la popularité, plus difficile. Telle est la perversité de l'homme qu'il ne peut être tranquille qu'aux dépens de sa liberté, ou qu'il ne peut être parfaitement libre qu'aux dépens de son repos.

Le meilleur gouvernement serait donc celui qui, prenant un moyen terme entre ces deux prérogatives, établirait un équilibre tel que, sans blesser l'intérêt général, aucune classe, aucun membre de la société n'eût un sujet raisonnable de se plaindre. Les conditions suivantes me paraissent approcher de ce but.

Cinq principes fondamentaux, *Secours à l'indigence et au malheur, sûreté des personnes et des propriétés, justice, li-*

berté, égalité, en font la base ; elles en seront les modératrices :

Sous un bon gouvernement, aucun citoyen ne doit sentir les atteintes de la misère : point de pauvres dans un état bien constitué, point de vagabonds, point de ces mendians sur-tout dont les dégoûtantes infirmités, vraies ou factices, fatiguent les yeux dans les rues, dans les places publiques, soulèvent le cœur au premier aspect, et l'endurcissent bientôt par l'habitude. Depuis long-temps l'humanité réclame des hospices pour ces intéressantes victimes du sort. Que des atteliers publics, ouverts aux malheureux ouvriers qui se trouveraient sans travail, leur fassent trouver une ressource assurée contre la misère. On évitera par là bien des maux et des abus ; on ôtera des armes à la malveillance et à l'ambition. Et si le malheur et la misère abrutissent, avilissent souvent l'ame, un peu d'aisance et de bonheur l'élèvent aussi ;

Que le cultivateur, sans être dans la misère, se trouve, en général, dans une aisance telle qu'il soit obligé de travailler avec assez d'assiduité, et d'échanger le produit de son travail pour satisfaire à ses impositions et vivre tranquillement. L'opulence des cultivateurs est le plus grand fléau des villes ;

Il serait peut-être à desirer pour le soulagement de la classe peu aisée, que ceux dont la fortune ne passerait pas un terme donné, ne payassent, en impositions, que la moitié de l'échelle proportionnelle ; mais je voudrais que chaque membre de la société, dès qu'il serait livré à lui-même, fût obligé de contribuer aux dépenses du gouvernement. Cette rétribution, toute modique qu'elle pût être, l'attacherait davantage à la grande famille, lui ferait mieux sentir l'importance de la qualité de citoyen, et l'étendue des droits et devoirs qui y sont attachés. Il est évident, au reste, que, dans un état bien constitué, chacun doit subvenir, suivant sa fortune, ses facultés ou son industrie, aux dépenses que le gouvernement est obligé de faire pour la sûreté de tous ;

Il faut que les loix qui tiennent sous leur sauve-garde les personnes et les propriétés, soient religieusement respectées. C'est le but de toute association, et la base de la liberté politique et civile ;

Le seul vrai mérite doit être appelé aux différentes places de l'état. L'homme de mérite ne sait point naqueter, et parvient difficilement ; l'intrigant , qui sait si bien se replier sous toutes les formes, l'écarte presque toujours. Je voudrais donc que le gouvernement fût le chercher jusques dans son grenier ; je voudrais qu'il employât, pour ainsi dire , autant de surveillance à découvrir l'homme vertueux , l'homme à talens , que la police en met à déterrer un malfaiteur. Lorsque les agens d'un gouvernement sont estimés et respectables , le gouvernement ne peut manquer de l'être.

Je crois cependant qu'il est des places où les talens et les vertus ne peuvent être un titre suffiant , celles , par exemple , qui entraînent le maniement des finances , pour lesquelles il ne me paraît pas que la responsabilité personnelle soit une garantie suffisante, si elle n'est appuyée, en outre, sur la fortune de l'agent ou sur bonne caution. On ne peut répondre du choix même le mieux fait, et les circonstances ne changent que trop souvent les hommes.

Ces occasions exceptées , la vertu , les lumières, les talens, le mérite enfin dont l'indigence arrêterait l'essor, doivent être protégés, secourus, encouragés de toutes les manières ;

Il faut que l'agiotage, enfant dénaturé du commerce, soit tellement voué à l'infamie qu'un citoyen rougisse de s'y livrer. Je voudrais que ceux qui seraient convaincus d'avoir fait cet infame trafic, fussent condamnés à de fortes amendes, et déclarés incapables d'occuper aucune place dans l'état. L'agiotage détruit les bonnes mœurs ;

Les fautes doivent être personnelles ; la peine de mort ne devrait être applicable qu'aux homicides prémédités et aux crimes bien précisés de haute trahison contre la sûreté de l'état. Un supplice rare est toujours plus effrayant ;

Il doit être permis de tout dire, de tout écrire, pourvu toutefois que l'écrit soit signé : les tribunaux peuvent alors faire justice des calomniateurs ou des perturbateurs du repos public. Mais il faut que tous auteurs, imprimeurs et colporteurs d'écrits anonymes soient punis très - sévèrement. L'écrit anonyme est une arme dans les ténèbres ; ou plutôt un poison souvent trop dangereux qu'on distille impunément dans la société. L'homme sensé en fait justice, mais il peut ébranler le foible et servir les malveillans ;

La tranquillité d'un état exige qu'il n'y ait ni grouppes motionneurs ni clubs politiques. Les groupes sont les signes les plus caractéristiques de la sédition, de la révolte ; ils en sont véritablement le thermomètre. Au reste, trois espèces d'individus composent ordinairement les grouppes ; des intrigans qui ne vivent que de troubles, des fainéans plus avides de nouveautés que de travail, et quelques filoux qui font un autre métier tandis que les premiers pérorent et que les seconds écoutent : je pense que le gouvernement, pour le bien de la société, ne doit pas avoir beaucoup de ménagemens à garder envers de pareils rassemblemens.

La question sur les clubs a été si souvent et si lumineusement agitée que je ne m'y arrêterai pas : mais je suis intimement convaincu que le meilleur gouvernement ne peut subsister avec ces sortes d'associations, qui commencent par le censurer, rivalisent bientôt avec lui, et finissent par le détruire. C'est, comme l'a fort bien dit un écrivain, un corps hétérogène, un gouvernement dans un gouvernement. J'ajouterai que c'est le plus sûr marche - pied de l'ambitieux. Il est contraire à la bonne politique, il est même dérisoire que des hommes, la plupart inconnus, que le peuple n'a revêtus d'aucun caractère, s'érigent, sous le nom de club et de leur autorité privée, en censeurs nés d'un gouvernement que l'esprit de société, qui doit naturellement dégénérer en esprit de parti, trouvera toujours mauvais;

Il faut enfin que, nonobstant toute considération, la loi soit égale pour tous les membres de la société. Le niveau de l'égalité doit impassiblement planer dans la distribution de la justice.

Je crois que le gouvernement, qui, d'après les bases d'une bonne constitution, remplirait, autant que les localités et les circonstances pourraient le permettre, les conditions que je viens d'exprimer, serait celui qui allierait au plus haut terme toute la liberté et la tranquillité qu'un peuple en société puisse se promettre. Voyons si la révo-

lution française nous a amenés à ce but désirable, si sa constitution de 95 comporte
cet heureux alliage.

La révolution française, comme bien d'autres, n'eut d'abord qu'en apparence le bien
public pour objet : le concours des circons-
tance changea bientôt cette apparence en
réalité. Lorsqu'on réfléchit sur les divers
évènemens qui ont conduit cette étonnante
révolution à sa fin, on est tenté de croire
qu'un génie protecteur s'est chargé de nos
destinées. Un mécontentement sourd et presque général marquait assez que le peuple
supportait impatiemment le joug de l'op-
pression, et soupirait avec ardeur après un
meilleur ordre de choses ; mais la suppres-
sion des abus était le seul cri, l'unique desir
de la généralité des Français : l'ambition et
la vengeance profitèrent de ces dispositions
pour opérer un bouleversement total. L'ambitieux Philippe voulait régner sur la France,
le cabinet britannique voulait la détruire.
D'Orléans sacrifia tout pour parvenir à son
but, l'Angleterre le sacrifia bientôt lui-même
pour arriver à ses fins : elle ne voulait plus de
gouvernement en France ; elle a tout fait

pour réussir. La fière Albion ne pouvait nous pardonner la perte de ses colonies en Amérique ; Pitt jugea à propos de nous faire payer la liberté de cette république naissante. Pitt peut se tromper, si nous nous rallions bien ; il n'est pas encore en dernière ligne de compte avec nous. Carthage mit Rome à deux doigts de sa perte, et Carthage périt.

Tout concourut à servir les projets de l'Angleterre. La cour cherchait depuis long-temps à diminuer l'autorité des parlemens, des grands et du clergé. Ces corporations périrent et entraînèrent la cour dans leur chûte. D'Orléans, qui brûlait de monter sur le trône, mais qui ne se sentait pas assez de courage pour faire le premier pas, tourmentait, agitait le peuple en tout sens, pour qu'il sentît enfin la nécessité de lui apporter une couronne qu'il allait bientôt ensanglanter. Divers autres partis se formèrent, et se croisaient sans cesse : personne ne voulait plus être à sa place. De ce cahos d'opinions, fomentées par l'esprit de parti, soutenues par l'anarchie, nourries par l'ambition, sortit la république. On rapporte que Robespierre disait souvent que la république était venue par une trouée : Robespierre avait raison, Robespierre en savait quelque chose.

Que de tous ceux qui ont concouru à l'établissement d'une république en France, aucun ne l'ait desirée sincèrement, il serait aussi inconséquent de l'affirmer qu'il serait absurde de croire le contraire : mais on peut dire, sans craindre de trop avancer, qu'il n'a manqué à Philippe, pour parvenir à son but, que du courage et l'estime des Français. C'était beaucoup sans doute.

Il est à croire que beaucoup de ses partisans, ne pouvant plus compter sur un tel homme, se tournèrent sérieusement du côté de la république ; que beaucoup d'autres révolutionnaires, qui n'avaient eu d'abord en vue qu'une bonne réforme, mais qui se trouvaient trop avancés pour reculer, s'y jetèrent aussi ; et qu'enfin de vrais républicains, qui, quoique convaincus de la supériorité de leur système, ne l'auraient pourtant pas voulu faire prévaloir aux dépens d'un bouleversement général et de tant de désastres, profitèrent de cette occasion.

Les uns et les autres furent puissamment secondés par des hommes de sang et de rapine, qui n'aimèrent de la révolution que ce qui pouvait flatter leurs passions ou leur intérêt, et qui en suivirent tous les torrens : comme un torrent, ils ravagèrent tout. Chose étonnante ! des hommes sans mœurs, sans principes, sans opinion, ont été les instrumens les plus actifs, oserai-je dire nécessaires, de la régénération d'un grand empire. Les plaies qu'ils ont faites à l'état, sont profondes sans doute ; mais la postérité comparant un jour les moyens et les résultats, tout en plaignant les victimes, rejettera peut-être sur les circonstances la nécessité des bourreaux. Mon cœur et ma plume se refusent à tracer ces lignes, et je n'ai pu vouloir d'une révolution à ce prix : mais j'ai promis ici l'opinion la plus impartiale. Nous avons essuyé toutes les bourrasques de la tempête, et nos descendans trouveront le vaisseau au port : le point de vue ne peut être le même.

Si l'ancien gouvernement eût exercé une tyrannie insupportable ; si le chef eût, nouveau Tarquin, soulevé par quelque atrocité tous les cœurs français, certes la révolution se serait faite avec plus d'ensemble, d'accord et de tranquillité ; les insectes révolutionnaires

naires n'auraient pu s'attacher impunément aux rameaux de l'arbre de la liberté pour en pomper tout le suc ; le courage et les talens auraient seuls conduit le char révolutionnaire, les lumières et les vertus en auraient été les guides. Mais les circonstances se sont trouvées telles que les fondateurs de la république se sont vus comme forcés de laisser agir de pareils instrumens, malgré la défaveur qu'ils ne pouvaient manquer de donner à leur cause. Valait - il mieux qu'ils s'arrêtassent ? je crois qu'ils ne le pouvaient plus. Sans doute, la majeure partie de ceux qui ont contribué à l'affermissement de la république, ne se sont pas rendus coupables de ces excès de tyrannie ou des fureurs du vandalisme, et nos armées au dehors ne savaient guère que cueillir des lauriers ; mais la France entière, couverte de deuil ou de décombres, ne rappelle et ne reproche pas moins à notre siècle l'horrible existence de ces barbares....

Pourquoi s'arrêter plus long-temps sur un si triste tableau ? Le glaive de la loi a fait justice des plus coupables sans doute ; puisse le remords couvrir les autres d'un éternel

oubli ! puisse sur-tout la vertu ramener l'erreur aux principes d'une administration juste
et modérée ! Nous avons enfin une constitution, un gouvernement, ne voyons plus que
le présent, ne réfléchissons que pour l'avenir ;
et si nous soulevons encore le voile du passé,
que ce soit pour en tirer des leçons qui puissent nous servir de boussole dans notre nouvelle carrière.

J'ai déjà dit que le bonheur des gouvernés
dépend bien plus des gouvernans que d'une
bonne constitution. Celle-ci est le palladium
de la liberté publique et individuelle ; c'est
le rempart qui doit arrêter les efforts et les
entreprises de la tyrannie ; c'est un contrat
qu'on consulte lorsqu'un ou plusieurs membres de la société se trouvent ou se croient
lésés dans leurs droits. Le gouvernement,
au contraire, étend sans cesse sa main pro-
tectrice ou sa verge répressive sur les gouvernés ; sans cesse son action se fait sentir
sur le peuple. La liberté tient plus immédiatement à une bonne constitution ; le bonheur et
la tranquillité tiennent plus immédiatement
à un bon gouvernement. Pour tout dire, en

un mot, sous un bon gouvernement on peut être heureux et libre , même avec une mauvaise constitution ; on ne peut l'être avec une bonne , sous un mauvais gouvernement.

On ne peut pas dire que la constitution de 95 s'oppose à l'accomplissement des conditions qui peuvent fonder le bonheur et la liberté d'un peuple , puisqu'elle en contient tous les élémens , et que celles qui restent à remplir ne sont qu'administratives.

Il ne serait pas moins déraisonnable d'en attribuer la faute au gouvernement. Il est impossible , avec les meilleures intentions et les premiers talens , de faire en huit mois ce qui exige des années de travail et de médiation. Une machine , dont la destruction même a demandé plusieurs années , ne peut être remontée à neuf en si peu de temps , sur-tout lorsqu'on a sans cesse des obstacles à surmonter : soutenir le contraire , c'est être de mauvaise foi.

On ne peut se dissimuler que le peuple souffre beaucoup , que la variation continuelle du prix du papier-monnaie ébranle les fortunes, et porte l'alarme et souvent l'indigence dans le sein des familles. Le peuple, qui ne sent, qui ne voit que son mal, fait éclater son mécontentement, et les agitateurs en profitent. Si ce peuple, trop crédule et trop confiant, voulait une fois se donner la peine de réfléchir et de raisonner, il verrait qu'aucun mouvement ne lui a encore amené une meilleure destinée; il verrait qu'au contraire sa situation n'a fait qu'empirer, même après les meilleures crises. Il verrait que le nouveau gouvernement ne peut que tendre au bien par sa nature et par sa position, puisque par sa nature il est amovible et destituable, et que sa position est telle qu'il ne peut trouver son salut que dans un meilleur ordre de choses. Il examinerait, enfin, quel peut être le but de ces nouveaux agitateurs, quel peut être le résultat de leurs manœuvres, ce qu'il en peut espérer de favorable à son sort.

Deux partis se présentent dans l'arène, les uns pour ressusciter le royalisme, les autres pour reproduire leur système homicide de nivellement. Un parti sert de prétexte à l'autre. Ennemis jurés, sans cesse en présence, ils brûlent en effet de se détruire l'un l'autre, mais toujours et constamment dans

la vue de se saisir des rênes d'un gouvernement qu'ils abhorrent également, qu'ils ren-
verseraient même de concert : c'est le lion et
le tigre qui se disputent la même proie. Quel
serait le sort de la France, si l'un ou l'autre
parti réussissait ? Le même sans doute. Mais
que de flots de sang inonderaient ma malheureuse patrie avant qu'elle fût livrée au
triste repos de l'esclavage ! ou plutôt combien
d'années ne s'écoulerait-il pas avant que ses
ennemis rassasiés de sang et de carnage s'ac-
cordassent enfin à s'en partager les membres
épars !

Le royalisme en France peut généralement
se diviser en trois partis , celui de l'ancien
régime, celui de la royauté constitutionnelle
de 90 , et celui qui tient à un gouvernement
mixte, tel, par exemple , que le gouvernement anglais. Je veux bien croire que les
deux derniers pourraient s'accorder ensemble, mais pourraient-ils jamais être d'accord
avec celui qui tient à l'ancien régime; il est
impossible de le croire : ils ont trop de re-
proches à se faire. Ce sont les anglomanes,
les constitutionnels de 90 sur-tout qui ont
commencé à sapper les fondemens de la mo-

norchie française ; et tandis qu'ils accuse-
raient les émigrés et leurs partisans de trop
d'opiniâtreté, ceux-ci leur rappelleraient ce
qui s'est passé en France, et leur impute-
raient tous les maux qui ont désolé ce pays.

En supposant que l'un ou l'autre de ces
partis vînt à triompher, nous n'aurions donc
pas moins des guerres, des dissentions et une
guerre civile de plus; car les républicains ne
manqueraient pas de se rallier et de réunir
leurs forces contre le royalisme triomphant.
Ainsi, notre malheureuse situation ne ferait que se prolonger, si même elle n'empi-
rait pas.

Nous venons de voir que les royalistes ne
sont pas d'accord dans leur opinion : ils va-
rient encore plus sur le choix du chef qu'ils
voudraient se donner. Plusieurs par habitude, ou pour ne pas laisser le dangereux
exemple d'innovations, voudraient qu'il ne
fût rien changé dans l'ordre hiérarchique de
succession au trône, et votent par conséquent pour Monsieur. Un grand nombre dé-
sirerait que la couronne passât à M. d'Ar-
tois. D'autres voudraient récompenser la
bravoure et la générosité dans M. de Condé,

Quelques-uns , par esprit d'intrigue , ou croyant mieux parer aux réactions de vengeance qui pourraient résulter d'un nouvel ordre de choses, voudraient un prince étranger. Enfin, il est encore des partisans de Philippe, qui n'ont pas oublié qu'il a laissé des descendans , et le salaire attaché à un si haut service.

Je laisse à penser aux hommes de bonne foi, sans passions , sans préventions , dans quel horrible cahos nous jetteraient tant d'opinions et de volontés divergentes ; qu'ils jugent à quelles extrémités pourraient se porter des hommes passionnés pour leur opinion , chez qui un mouvement favorable ferait réagir avec d'autant plus de violence les ressorts d'irritabilité , qu'ils auraient été long-temps comprimés. Qu'on ajoute à cela l'influence machiavélique des puissances voisines que l'intérêt ou la vengeance peuvent animer... L'esprit effrayé ne peut mesurer ni le terme ni la profondeur des nouvelles calamités qui désoleraient la France.

Mais supposons , un instant, que tous ces partis fussent d'accord , et d'opinion et de choix ; supposons encore que les républicains

ne pussent former un noyau de résistance,
qui arrêterait l'esprit de vengeance, la double
réaction politique et religieuse ? qui pourrait
en répondre ? Je sais bien que ce parti aurait
ses sages , ses modérés : mais l'expérience ne
nous a-t-elle donc pas assez appris que ce
sont toujours les plus foux et les plus exa-
gérés qui l'emportent ? que le peuple, par la
nature de son caractère, donne toujours dans
les extrêmes ? Les sages et les modérés royalistes seraient bientôt enveloppés dans une
proscription générale avec les républicains ;
et tel aurait risqué sa tête en 95 pour avoir
écrit en faveur du gouvernement d'un seul,
qui la perdrait sous un roi pour avoir également reconnu quelques droits au peuple ou
quelques vices de gouvernement dans l'ancien régime. Les échafauds et les bastilles
couvriraient la France une seconde fois , et
peut-être encore sous le nom de liberté. De
même qu'on avait voulu élever la république
sur des monceaux de cadavre, de même vou-
drait-on l'engloutir dans des flots de sang.
On peut me contester ces sinistres évènemens ; mais ils me paraissent plus que pro-
bables. Le passage ne serait-il pas le même

pour le retour? Comment, environnés des mêmes tempêtes, éviterions-nous les mêmes écueils? Quel est, du moins, l'homme assez ennemi de sa patrie qui voudrait en courir les chances, lorsqu'il peut trouver sa sûreté au nouveau port.

Les niveleurs, vulgairement connus sous le nom de *terroristes*, amèneraient les choses aux mêmes fins par une route plus longue, par conséquent, par de plus longues calamités. Le sistême du nivellement des fortunes, aussi absurde dans ses résultats qu'atroce dans son exécution, ne peut entrer que dans le cerveau exalté de quelques êtres qui ne tiennent par aucun lien à la patrie et à l'humanité, ou dont le feu dévorant de la jalousie et de l'ambition ne connaît plus de bornes. Ce sistême exclut par sa nature les arts et le commerce, et emporte conséquemment avec lui la destruction des villes. Car de deux choses l'une : ou par la portion de terre qui me sera échue dans un égal partage, j'aurai assez pour me nourrir et m'entretenir, ou non. Si j'ai assez, il est inutile pour moi de m'adonner aux arts ou au commerce, puisque l'augmentation de ma fortune, suivant l'esprit de la loi, deviendrait le partage de ceux qui n'auraient pas augmenté la leur ; si au contraire je n'ai pas assez pour vivre, il est bien clair que tous les membres de la société mourront également de faim, ou qu'il en faudra faire périr une partie pour faire vivre l'autre. On ne peut pas dire que cette partie pourrait s'adonner aux arts ou au commerce, puisque les arts et le commerce ne s'entretiennent que par l'échange, et que l'agriculteur n'aurait rien de superflu à échanger, par l'esprit de la loi, n'aurait même aucun besoin d'échange, par sa position naturelle. D'un autre côté, le commerce et les arts sont, par le fait, incompatibles avec le nivellement des fortunes, soit parce qu'ils ne peuvent se passer de bras salariés, soit parce que l'activité, l'industrie, l'économie, ne peuvent être au même degré dans chaque individu.

D'après ce que je viens de dire, et une foule d'autres inconvéniens qui résulteraient d'un pareil système chez un peuple corrompu ; d'après sur-tout les principes sacrés du droit de propriété, il est évident qu'il faudrait armer la moitié de la nation contre l'autre. Des flots de sang couleraient, jusqu'à ce que le peuple, de lassitude, se jetât entre les bras d'un maître, à qui des concurrens, par surcroît de malheur, pourraient encore en disputer la possession. Ainsi, quoi qu'en disent nos nouveaux tribuns, leur système d'égalité de fortune n'est qu'une filière perfide qui conduit au despotisme par des chaînons infinis de maux et de calamités. Rome eut ses Césars pour avoir eu ses Tribuns. *

----

* J'en étais là lorsque le bruit d'une conspiration se répandit le lendemain. Si j'avais manqué de titres pour partager les honneurs de la proscription, ce passage aurait été d'une vive recommandation pour moi dans les visites domiciliaires qu'on devait faire *très-scrupuleusement.* Au reste, cette conspiration ne m'a point surpris; je l'avais annoncée assez clairement dans une lettre que j'avais écrite le 23 Vendémiaire dernier au citoyen Petit-Jean, un des chef des bureaux de la haute police du comité de sûreté générale : elle était datée des Quatre-Nations; je n'en citerai qu'un fragment :

« Mais dussé-je la perdre (la vie), je soutien-

Je sais que nos Gracques modernes, qui sont aussi éloignés de pratiquer les vertus austères de leurs modèles, que de saisir le véritable esprit de leurs principes, cherchent à pallier leur arrière - dessein en ne paraissant demander que l'exclusion de l'indigence et l'abaissement des hautes fortunes. Mais pourquoi, s'ils étaient de bonne foi, chercheraient-ils à soulever le peuple contre les premières autorités ? pourquoi, en dernier lieu, auraient-ils monté l'esprit de quelques bataillons de la légion de police, au point que c'en était fait de la tranquillité publique,

---

» drai toujours que, si la convention n'oppose
» une digue ferme au torrent de la réaction que
» des hommes perfides ont amenée, en préparant
» un évènement funeste que la violence des me-
» sures d'une part et l'aigreur de l'autre n'ont pas
» peu contribué à faire naître, l'affreux régime
» qui a suivi le 31 Mai, va reparaître plus arbi-
» trairement que jamais, ses satellites vont venger
» la mort de leurs amis sur l'honorable majorité
» qui l'avait anéanti, et la convention va en-
» traîner dans sa chûte la république, et peut-être
» le nom Français, etc. »

et peut-être de la constitution, sans la cons-
tante vigilance et l'immuable fermeté du
directoire exécutif? pourquoi tout récemment
encore, nouveaux Catilina, viennent-ils
d'ourdir une conspiration parfaitement mo-
délée sur ce romain perdu de dettes et de
débauches (a), conspiration que le gouvernement vient encore de déjouer avec sa pré-
voyance et sa sagesse ordinaire ? Que veu-
lent-ils? la république? Nous l'avons. L'honnête aisance du malheureux et de l'indigent?

(a) Cette conspiration décèle parfaitement les
projets et les moyens des niveleurs, dont j'ai
parlé plus haut. Ils devaient d'abord donner au
peuple non propriétaire les biens des émigrés et
des conspirateurs ; puis, on n'aurait pas manqué
de traiter de conspirateurs, les propriétaires, que
des tribunaux révolutionnaires auraient envoyés par
charretées à la guillotine, pour être leurs biens
confisqués au profit du peuple non propriétaire.
C'était leur projet, et ils étaient conséquens ; car
un tel système, en France, ne peut être mis à
exécution que de cette manière. Qu'on ne s'y
trompe pas? ce projet est trop séduisant pour ne
pas faire de nombreux partisans dans la classe
indigente ; et telle est la fatalité des circonstances.

Et moi aussi, je la desire, je la réclame, et tous les bons citoyens avec moi. Mais faut-il pour cela renverser une constitution, qui, loin de s'y opposer, est toute animée de cet esprit, un gouvernement qui doit y tendre de toutes ses forces par la nature de son institution et pour sa propre sûreté, je pourrais ajouter, pour sa gloire? et lorsqu'il ne manque plus que de donner le cours à une bonne, à une juste administration, pour parvenir à ces heureux résultats, est-ce les vouloir réellement que de l'interrompre par des insurrections, des conspirations, etc.? N'est-ce pas,

---

que la découverte de cette conspiration ne peut qu'en alimenter et étendre les ramifications, parce qu'elle dévoile au non propriétaire tous les avantages qu'on lui promettait de la réussite de ce complot, avantages que les conjurés n'avaient pu que lui faire entrevoir, par des motifs de prudence. Si un nouveau *Gracchus* plus adroit ou plus heureux se présente jamais, le choc sera terrible. Que faire? rendre ce peuple plus heureux, lui inspirer l'amour de la morale par des sentimens religieux, et lui démontrer combien ce projet, qui lui paraît avantageux pour le moment, pourrait lui devenir fatal dans la suite.

au contraire, vouloir réaliser le systême de M. de Calonne (b) , qui , j'ose l'assurer , se se sera trompé , au moins d'époque , dans sa prédiction.

Le triomphe de l'un ou l'autre parti , loin d'améliorer le sort du peuple , ne ferait donc que prolonger et empirer sa malheureuse situation. Je ne connais plus qu'une boussole qui puisse guider sa marche encore chancellante : Que tous les bons Français s'attachent

------

(b) M. de Calonne , dans son *tableau de l'Europe en Novembre* 1795 , assure du ton le plus positif que la nouvelle constitution portant en elle-même le germe de sa destruction , ne peut pas durer un an ; que l'anarchie s'ensuivra , et qu'il faudra profiter de cette occasion pour présenter aux Français un gouvernement qui puisse leur servir d'asyle.

Cet ouvrage écrit avec assez de bonne foi et de vérité , présente beaucoup de bon sens et de raisonnement en général , mais quelquefois de l'esprit , rien que de l'esprit. Il n'est pas ici de mon sujet d'analyser cet ouvrage ; je ne citerai qu'un seul trait : en critiquant la constitution de 1795 , M. de Calonne dit , entr'autres choses , que la minorité lie la majorité dans la confection des

sincèrement à la nouvelle charte constitutionnelle ; que chacun, abjurant ses erreurs,
ou faisant un généreux sacrifice de son opinion, donne sa confiance au nouveau gouvernement, qui, sans elle, ne pourra jamais
opérer le bien qu'à demi ? Que le gouvernement, à son tour, cherche à s'en rendre digne
de plus en plus ? Qu'il s'entoure le plus qu'il
pourra, d'hommes probes et éclairés ? Qu'il
se souvienne sur-tout que tel a été bon instrument révolutionnaire, qui souvent ne peut

---

loix, en faisant allusion aux deux conseils ; comme
si les deux conseils ne formaient pas deux autorités distinctes, dont l'une a pouvoir de faire des
loix, l'autre pouvoir de les approuver ou rejeter :
Or, je ne vois point comment, d'autorité à autorité il peut y avoir majorité ou minorité. Ce n'est
plus ici le nombre, mais la loi qui donne force
de pouvoir ; et si la constitution avait accordé à
un seul homme la faculté de rejeter ou d'approuver les loix d'une assemblée, cet homme seul
aurait réuni tout le pouvoir du conseil des anciens.

Cet écrit, d'ailleurs, me paraît aussi instructif
pour le gouvernement français que pour les émigrés et les puissances étrangères.

être

être qu'un mauvais instrument administratif, si même il ne devient pas dangereux ? Qu'il ne perde pas de vue que le premier, le plus honorable but d'une bonne révolution , est d'améliorer le sort des malheureux ? Qu'il fasse disparaître cette foule de pauvres et d'estropiés , dont la présence attestera toujours un vice dans l'administration ? Que dans des travaux publics il fasse trouver une ressource assurée aux malheureux ouvriers qui pourraient se trouver sans occupation ? Que le vagabondage soit forcé au travail ? Qu'il anéantisse l'agiotage, ce ver rongeur, qui pourrait à la fin devenir aussi funeste au gouvernement qu'au peuple? Qu'il laisse aux citoyens pleine et entière liberté de parler et d'écrire? mais qu'il pourchasse sans rémission ces *motionneurs* de grouppes , dont les intentions ne peuvent être que suspectes ? que tous ces foyers d'insurrections , qu'on appelle clubs, soient à jamais fermés ? C'est dans ses assemblées primaires, dans des écrits ou des adresses dignes de lui , que le peuple doit rappeler ses droits , quand ils sont oubliés ou méconnus. Que des hommes probes et éclairés soient chargés de recueillir l'esprit

C

public dans les principaux points de la France, et fassent passer leurs observations au centre commun ? Que des missionnaires zélés et d'une prudence consommée , aillent *incognito* dans les départemens former l'esprit républicain , ramener par la douceur et la force de la persuasion ceux qui sont aigris ou égarés ? qu'ils soient envoyés sur - tout dans les provinces qui les auront vus naître; parce que, connoissant mieux les mœurs et le caractère des habitans , ils sauront mieux saisir les circonstances ? Qu'en faisant respecter les propriétés , le gouvernement rappelle en même temps aux riches , qu'ayant plus de risques à courir , ils doivent contribuer davantage pour concourir à la conservation et à la défense de leur fortune et de leurs foyers ? Que les cultivateurs , sans être malheureux , ne puissent se dispenser de vendre leur superflu ? Que juste enfin et ferme, sans être tyrannique, il continue avec ardeur de remplir les conditions qui peuvent le plus rendre, à la fois, un peuple heureux , libre et tranquille ?

En agissant ainsi , le gouvernement ne peut manquer de s'attirer la bienveillance du plus grand nombre et l'estime générale ; il fera goûter aux citoyens les bienfaits de la liberté et de la tranquillité, au plus haut point désirable dans l'état de société. Les bénédictions succèderont au découragement et à l'aigreur ; et la postérité reconnaissante placera honorablement les noms des fondateurs de la République française.

Nous venons de voir que la constitution de 95 peut amener au meilleur terme qu'on puisse se proposer dans une révolution ; il est également évident, pour quiconque est de bonne foi, que le gouvernement par sa nature et sa position doit tendre au meilleur ordre de choses possible, qu'il y tend en effet de toutes ses forces, et qu'il a plus fait qu'on ne pouvait attendre d'un si court espace de temps et dans des circonstances aussi orageuses ; il n'est pas moins démontré qu'un nouveau mouvement révolutionnaire, au lieu d'alléger le sort du peuple, ne ferait que prolonger et empirer ses maux : je pense donc que ce n'est pas aimer véritablement son pays, que de desirer un complément de révolution. Il ne nous reste plus maintenant qu'à examiner si la nouvelle constitution peut s'affermir d'une manière bien solide sans être étayée d'idées religieuses, si sa législation pourra être aussi parfaite.

Je ne connais aucun gouvernement qui n'ait eu une religion pour appui. Si le système d'une divinité, d'un être suprême vengeur du crime et rémunérateur de la vertu, a paru nécessaire aux législateurs même qui n'ont eu qu'à former un peuple sorti des mains de la nature, il est sans doute bien plus indispensable chez un peuple corrompu, à demi éclairé, et susceptible de toutes les impressions. Eh ! quel espoir resterait-il à la vertu persécutée, sans l'idée consolatrice de se reposer un jour dans le sein de la justice éternelle !

Il est des crimes que les loix ne peuvent atteindre, des crimes qui n'ont que le coupable pour témoin ; alors ce ver rongeur de la conscience, cette voix intérieure qui le poursuit et lui crie sans cesse qu'il n'échappera pas aux loix divines, peuvent seuls l'arrêter. Il est aussi des vices peu conséquens en eux-mêmes, mais qui peuvent amener à de grands désordres, que les loix ne poursui-

vent pas et que la religion arrête. Il est encore des griefs envers la société, que les loix
ne peuvent punir, qu'elles ont même quelquefois occasionnés par le concours des circonstances, et que la crainte de la justice
divine empêcherait souvent. Je demande si
un bon chrétien, par exemple, aurait cru,
sans blesser sa conscience et s'exposer à une
perte éternelle, payer en assignats, dans ces
temps malheureux, cent mille livres qu'il
aurait empruntées en or, même depuis plusieurs années. Je sais bien qu'on désapprou-
vera une telle conduite, que ceux qui en seront instruits, cesseront de regarder cet individu comme un honnête homme; mais il s'en
rira et n'aura pas moins payé quatre mille
louis avec douze ou quinze. Et ces exemples,
comme on sait, n'ont été malheureusement
que trop fréquens.

L'honneur, je veux dire le desir de s'attirer
et de conserver l'estime de ses semblables,
est sans doute un grand frein chez les personnes qui ont reçu une éducation soignée
sur les principes d'une saine morale et les
convenances de la société; mais combien
n'en est-il pas aussi qui regardent cet hon-

neur comme un préjugé , et qui s'en mo-
quent ?

Le principe même tant répété, *ne fais pas
à autrui ce que tu ne voudrais pas qu'on
te fît*, abstraitement pris , ainsi dépouillé,
ne signifie rien, absolument rien, et ne peut
aucunement opposer une barrière au crime.
D'abord, il est faux que ce principe soit inné
et naturel; il est au contraire dans la nature
de tout être de chercher à conserver, à ac-
croître son existence aux dépens de tout ce
qui l'environne : la seule comparaison peut
lui avoir donné naissance. Disons donc plutôt que c'est un principe que l'état de société
a voulu opposer à l'état de nature. Mais ce
principe, dans l'état de société, ne peut également atteindre par lui-même au but qu'on
a voulu lui supposer ; il peut même favoriser
le méchant au détriment du bon : au moins,
paraît - il contradictoire. Je suppose, par
exemple, qu'un membre de la société, moins
porté à pratiquer ce précepte qu'à prendre
quelques effets chez moi , juge à propos de
s'en emparer ; moi , au contraire , jaloux
d'obéir à ce même précepte , si je le trouve
flagrant délit , je ne puis l'en empêcher ni le

faire arrêter. Il est bien vrai que si le voleur était à ma place , il ne voudrait pas qu'on le volât impunément ; mais aussi, si j'étais à la place du voleur, je voudrais bien moins qu'on me tuât ou qu'on m'arrêtât pour me faire pendre , ce qui est encore pis. Ainsi, et à plus forte raison, des cas indirects où l'égoïsme et la nature se trouveraient moins en opposition avec le précepte.

Il me paraît donc qu'on ne peut fonder une constitution sur des bases durables sans la religion, et il est évident que la meilleure législation est imparfaite sans elle : celle - ci en doit être comme la pierre angulaire. Le meilleur gouvernement, selon moi, serait celui où le citoyen regarderait la stricte observance des loix de son pays comme le plus bel hommage rendu à la divinité, où l'amour de Dieu serait, pour ainsi dire, lié avec l'amour de la patrie. Bien entendu que ces loix fussent justes ; autrement, ce ne serait que le meilleur mode d'affermir la tyrannie.

Le principe de toutes les religions est le même par-tout ; par-tout, c'est un hommage à l'être des êtres, au principe et moteur de toutes choses : mais chaque religion a son mode, ses rits, même ses erreurs, et c'est ce qui en forme le caractère distinctif; ou plutôt, la religion d'un peuple n'est autre chose que le mode adopté par ce peuple pour rendre à la divinité un culte extérieur. Que de peuples se sont égorgés pour la cause du même Dieu, qu'ils ne voulaient pas adorer sous la même forme (c), selon les mêmes rits, les mêmes usages? mais je voudrais bien que les papes me dissent quel était le plus raisonnable, ou du peuple qu'on égorgeait pour avoir regardé le soleil comme l'emblême le plus frappant et le plus majestueux du grand être, ou de celui qui l'égorgeait pour le lui faire

---

(c) Les déistes et les athées même ; qui paraissent si opposés, seraient plus rapprochés d'opinions qu'ils ne pensent, s'ils voulaient se donner la peine de s'entendre. L'athée, à moins qu'il ne se soit jamais apperçu du jour et de la nuit qui supposent un déplacement dans les globes, ne peut nier qu'il est un principe moteur de toutes choses, comme nous ne pouvons nier qu'il est en nous un principe moteur de notre corps. Que ce principe soit une vertu inhérente à la matière, ou qu'il en

adorer dans un morceau de pain. Les erreurs ont été tellement multipliées et si conséquentes dans certaines religions, qu'elles ont souvent rendu la divinité méconnaissable aux yeux du vulgaire.

Il était bien naturel qu'une constitution qui consacrait et assurait la liberté d'un grand peuple, admît aussi la liberté des cultes, c'est-à-dire, laissât à chaque membre de la société la libre faculté d'adorer Dieu suivant sa manière ; mais cette liberté pure et simple, loin de consacrer une religion d'état, l'exclut évidemment.

Beaucoup de personnes pensent que si l'on avait adopté pour religion d'état celle du

---

soit essentiellement distinct, peu importe ? ses effets ne prouvent pas moins son existence. Le matérialisme lui donnera, s'il veut, le nom de nature ; le théisme, celui de grand régulateur, d'être des êtres, le premier n'admet pas moins que le second un principe moteur de toutes choses.

On se serait bien accordé sur ce point, sans doute, sans l'orgueilleux délire de vouloir tirer des conséquences, chacun à sa manière.

Christ, comme étant la plus étendue, et presque la seule pratiquée en France, les principes républicains auraient fait plus de progrès, et trouvé moins d'obstacles ; je le pense aussi jusqu'à un certain point : mais, outre que les sectes en général tendent à l'intolérance, et que la religion chrétienne n'est pas à beaucoup près exempte de ce reproche, il faut avouer que cette conception eût été bien petite, bien étroite, dans le grand plan de la réforme générale qu'on a faite. D'ailleurs, le pas est fait, et il serait peut-être dangereux de rétrograder.

Le système décadaire, suite de la division générale par décimes, marque bien le jour où les citoyes peuvent se livrer au repos; mais il ne deviendra jamais attrayant pour le peuple, si on ne le présente que dans la sécheresse de l'abstraction : il faut parler aux sens. A moins que de changer la nature humaine, la vérité la mieux établie ne peut charmer la multitude qu'autant qu'elle est entourée de prestiges séducteurs: il semble que l'esprit, ou tout ce qui y a trait, ne puisse communiquer à l'esprit, que par l'intermédiaire réciproque des corps. Il faudrait donc que le décadi fût solemnellement consacré à rendre hommage à la divinité, et qu'on fît une religion d'état calquée sur le systême décadaire.

Les temps sont passés, sans doute, où un législateur pouvait se dire prophète, envoyé de Dieu, et feindre des communications avec l'essence divine. Quoique le peuple soit toujours enclin au merveilleux, je doute fort, après tout ce qu'on a dit et écrit, qu'un tel législateur eût beaucoup de sectateurs en France. Mais je voudrais que dix vieillards, distingués par leurs lumières, leurs talens, leur sagesse et une bonne conduite soutenue, fussent choisis par le gouvernement pour travailler à ce grand œuvre ; qu'entièrement recueillis dans un endroit isolé, ils s'appliquassent à extraire ce qu'ils trouveraient de meilleur et de plus analogue à notre régénération, dans les livres de Confucius, de Moïse, de Numa, du Christ, de Mahomet, et autres sages, et en fissent un code religieux simple et précis ; qu'ils s'occupassent ensuite du culte extérieur, des cérémonies religieuses, etc., de manière que la pompe pénétrât religieusement les citoyens de la grandeur du sujet.

Il est évident qu'une religion , qui ne serait autre chose que la mise en activité du principe primitif de toutes les autres , mais dépouillée de leurs erreurs, de leurs superstitions, aurait bientôt des prosélytes. On ne pourrait, au moins, avoir de la répugnance à assister à ses pratiques religieuses. La pompe entraînerait d'abord la curiosité, la curiosité formerait l'habitude , l'habitude deviendrait un besoin, ce besoin se changerait bientôt en un sentiment religieux, et insensiblement les diverses sectes se réuniraient à cette religion comme à leur véritable source.

Que des temples plus majestueux que riches, élevés dans chaque commune, ramènent parmi nous ces sentimens religieux que le vandalisme avait fait cacher jusques dans les derniers replis des consciences que sa férocité n'a pu atteindre ni démoraliser ? Que la divinité, représentée dans le lieu le plus éminent sous l'allégorie de l'âge viril, tenant d'une main un globe représentant le monde, et de l'autre un niveau pour rappeler aux hommes que chez elle il n'est acception de personnes, fasse revivre en nous ces rapports respectueux de la créature au créateur , cet espoir consolateur de trouver enfin un asyle assuré, dans les bras de la justice divine, contre les persécutions et les injustices des hommes ? Que ses divers attributs ornent le contour du temple, chacun sous l'allégorie qui lui serait propre ? qu'une figure tenant une balance représente, par exemple, sa justice; la foudre, sa toute-puissance ; un cercle, son éternité, etc.

Les prêtres de ces temples doivent être absolument dépendans du civil, et à la nomination du gouvernement; et pour que l'état en tirât tout le parti possible, et parât aux inconvéniens de l'oisiveté, il serait peut-être à desirer qu'ils fussent en même temps chargés de la première éducation de la jeunesse, partie de l'administration non moins indispensable. La morale, l'explication des loix, les cérémonies, les chants civiques et religieux, et le gymnase, ne pourraient manquer d'attirer un grand concours de citoyens.

Un grand prêtre ou gymnasiarque me paraît nécessaire dans la ville où siegent les premières autorités ; mais je voudrais que, sous la dépendance absolue du gouvernement, il n'eût inspection sur les autres que pour les cérémonies religieuses ; et je ne crois pas avoir besoin d'en donner la raison. Je desirerais sur-tout que la magnificence nationale se déployât dans le temple du gymnasiarque avec tant de pompe et de majesté, qu'elle ne représentât pas moins, s'il est permis de s'exprimer ainsi, la grandeur de la nation, que la grandeur du Dieu qu'elle adore.

Ou je je connais bien peu le cœur humain et le caractère des Français, ou cette belle et sublime religion, par la pompe et la magnificence de son culte extérieur, aurait bientôt pris racine dans les villes, et les villes ne manquent jamais de donner l'impulsion aux campagnes.

Gouvernement français, ta marche ferme et vigoureuse entre deux écueils également dangereux, force déjà tes ennemis à l'admiration et à l'estime ; la confiance suit de près l'une et l'autre : déjà tu as plus que doublé le nombre de tes partisans. Un jour viendra, sans doute, où tu jouiras avec quelque orgueil du bien que tu auras fait ; et si la tâ-

cke qui t'est imposée est pénible, la satis-
faction que tu ressentiras du fruit de tes
immenses travaux, sera ta première gloire
et ta plus belle recompense. Mais souviens-
toi que tu n'as rien fait, si tu ne donnes
une religion à l'état, si tu n'appuies ton
code civil sur un code religieux. L'ancien
a été détruit avec l'ancien gouvernement;
pourquoi reconstruire l'un sans l'autre? A-
près nous avoir tirés de l'anarchie civile,
faut-il nous abandoner à l'anarchie religieuse? ou bien veux-tu que des imposteurs
viennent encore séduire notre esprit, égarer
notre cœur, en nous replongeant dans des
erreurs qui avilissaient l'humanité, et dont
nous sommes à peine sortis. Et si la gloire
de tirer les hommes du cahos des superstitions, ne te touche pas assez, songe que celle
de soutenir ton ouvrage en dépend, que ton
salut même y est attaché : la vérité ne peut
avoir pour points d'appui l'erreur et le men-
songe. Il faut une religion à l'homme; la
raison en est dans la faiblesse de sa nature:
Hé bien! donne-lui en une, mais qui tourne
entièrement à l'avantage de la chose publique. Une religion qui n'en fronde aucune,

qui est le principe de toutes, qui les pro-
tégera toutes, ne peut manquer d'attirer des
sectes ailleurs opprimées. L'étranger viendra
goûter parmi nous les douceurs de cette
double liberté civile et religieuse, et l'uni-
vers étonné ne sera pas moins pénétré d'admiration pour la sagesse des Français, qu'il
l'a été pour leur bravoure.

De l'Imprimerie de CONORT et GALLAND, rue de la Harpe,
n.ᵒˢ 6 et 152, en face de la rue Poupée.